AF199069

Trojan

Texte

2017 - 2020

Dan Pönicke

Impressum

Bibliografische Information der Deutschen Nationalbibliothek:
Die Deutsche Nationalbibliothek verzeichnet diese Publikation
in der Deutschen Nationalbibliografie; detaillierte
bibliografische Daten sind im Internet über http://dnb.dnb.de
abrufbar.

© 2020 Dan Pönicke

Herstellung und Verlag: BoD – Books on Demand,
Norderstedt

ISBN: 978-3-7504-8004-9

„Trotzdem schön das du da da warst
und überhaupt da bist."

Kiki

30. Aug. 2019 19:12Uhr

„Tu das wovor du am meisten Angst hast
und du wirst die Angst überwinden. -
Vertraue dem Prozess."

Aus Kikis Notizbuch

I.

Ich bin das Wasser in der Wunde
Bin der Schmerz im Gesicht und
Laufe mit dem Kopf gegen Wände
Aus meinem Mund tropft Wut
Kleckert so manch' auf die Füße

Ich bin der Sand vor dem Altar
Der falsche Prophet zur Stunde
Rühre große Worte blechredend an
Im fahlen Sog der Literaten
Die Trompete schwarzer Töne

Ich bin der Alleszerschwätzer
Bin die Kontur am Firmament
Weiß blitzend, Donner umrandet
Ein Spötter, ein Tunichtgut, am
Ende der Lügengebete verstreut

II.

einer ging in zerrissenen hausschuhen einer
ging zu gott einer ging brüllend einer in
windeln einer ging hin in gedanken einer ging
auf regenbögen

einer ging auf lauter linien einer ging zum
essen einer ging dem abend entgegen einer
ging mit tränen auf wangen einer ging durch
mein gesicht

einer ging wie sich sein leben zerbrach und
einer ging es zu nehmen einer ging auf wasser
einer ging auf wunden knochen einer ging sich
zu suchen einer ging durch aufgestellte städte

einer ging durchs tiefste loch einer ging in
endlose stille einer ging um sich herum einer

ging je ohne kuss einer ging über gekreuzte
straßen und einer ging gebückt

einer ging mal über wasser einer ging den
ganzen langen weg einer ging betrunken einer
ging durchs verliebt sein mitten durch und
kam nie mehr zurück

III.

du echauffierendes bisher / du flimmerndes
herz / schimmernder glanz / du auf der
unterseite fliegend / von oben herab wie so ein
mängelexemplar / goldener schwingen sichel /
regnendes haar / verlegung meer /
ohrenmuschelstrand / viel tiefe da und hier
seichter gang / umschließen tage knöchel /
graben schleifen im sand / samt herzen / in
sämtliche richtungen / kreisreisen / ein wort
gefolge / im rausch der welle / konsonant / du
fernes blau / du sonnenscheitel / k und i sowie
k und i / hand gelenk / wort verleimt / durch
schlitze im nebel mörgenröte schlüpft /
sämiges weit / tröpfelt aus der masse her /
zappelnde findelkinder / die alle samt
organisch / auf gelbem flur hingestreckt / als
gleich die saat der kiefern bauscht / und füße
tragen / abdruck hinterlassen / hör mal wer da
flüstert / die süße / aus letztem salz / mit
feuchten augen trommeln die boten / frieden

IV.

zart und zärter über flure grast
rufe die aus mündern schallen
und rast
wie licht und lieder
springend quellen wellen
querbeet durch hallen

an schmierfinken
in reihen sich gestalten
vorbeiwärts ziehend
hoch ins gewölk
vergraulen töne
die eingangstore quietschen

und backsteingärten blühen
so weit die augen mühen
unter säulen die in jene
himmel stoßend
ein obdach aller fäulen
orte gebieten

V.

zieh mir eine spur
auf der wange lang
mit messer spitzen
scharfen küssen
sogleich die haut unter
deinen lippen brennt
und nestel eine höhle
ins haar was hochgeworfen
wie flammen schlägt
und knusprig solls
wo deine finger nieder
gehen von solcher sänfte
schmerzen sind und
schmelzen dann als eis
dahin trotz deiner
allergie vor vanillin
die ich so niedlich fand

VI.

am   goldenen   fluss   zu   füßen
ein   laufen   ein   uferreisen
zwischen   den   gezeiten   hin
und   her   bewogen   aber   was(?)

der   stoff   auf   unserer   haut
oder   der   darunter   blau
ineinanderfließendes   wie
die   kussspur   im   kielwasser

VII.

in   den   himmeln   geht   ein
wölkchen   klein   und   rund
passagier   auf   weißen   sohlen
malt   drum   herum   g'schwind

getragen   wie   getrieben
sämtlich   formen   nehmend
liegen   im   gras   und   gebend
'n   allesmöglichen   namen

VIII.

wohin nur und was anfangen
am rande einer kiste bier
anlauf nehmend kopfüber
ins intrigante blau und kühl

glieder wie ketten rasseln
nix zum kiffen nix mehr tag
blasen blubbern hinfernen
materie schon lange her

über kryptografisches
aalen augen wortgerichtet
gerben einander flaschenpfand
sommerrosen winter träumen

IX.

Aus diesem engleiernden Sprech
Was raushören? Unmöglich! Welch'
Wort reimt denn Märchensarg?

Wo Träume stöhnen, fauchend
In den Klang hinein, das Selbst zum
Ohrenbluten reimt. Schicht für

Sich Schicht abtragend, Gewalt.
Mischt unter Grasnarben Licht
Rührt alles zu sämigen Brei.

X.

wenn ich einen fucking text schrieb
zwischen fünf minuten und
zehn text zeilen zwischen
drogen musik und abstinenz
zwischen was weiß ich und
leckt mich will ich einfach nur
dass du nicht gehst scheiß auf
karzinom scheiß auf hermann
für dich -
wenn du es noch hörst liest und . . .
sail

XI.

trinken   wie   lauschen
gerne   musik   mit   punkt
mag's   blink   blink   mag's
technisch

wie's   schnickt   und   schnackt
verschreibe   zeilen   voller   funk
und   knick   wie   knack
und   kann   eigentlich   nichts
am   liebsten   betrunken   so
ohne   freundschaft   aber   das
das   wollt   ich   gar   nicht   sagen
gar   nicht   gehört   haben
als   gleich   noch   lichten(ge)stein
die   augen   blaut
unterm   firmament
blond   geschöpf
geschluckt
'n   eilig   zweilenwerk   umspannt
gespuckt
wer   raffts   lengevitch?

XII.

manchmal   reifen   große   worte
über   einen   wegesrand   hinweg   verstreut

flankieren   von   punkrott   zur   einen
zur   anderen   planlos   reckend   neckt

so   'n   patschehändchen   poetisierend
und   irgendwie   'n   gold   'ner   busen

wie   so   'n   blankes   reich   die   sehnsucht
frühlingswiesen   blühen   und   glühen

ja   auf   irgendwo   so   'ner   mutti   liegt
vati   –   der   mit   großen   worten   grüßt

XIII.

überall   um   s   eckle   drum   herum
nebst   mia   san   net   mich   genau
wo   s   bier   wie   flüsse   fließt   und   fleiß

splittgrau   weit   hin   kreuzweg   samariter
gescheit   auf   erden   quert   wo
am   kiez   die   kreuze   reihe   stehen

windhosen   drängelndes   abendlicht
aller   armen   dicht   samt   straßenfegern
nur   dummes   zeug   dahin   geschoben

bis   hin   24   sieben   kichernd
mit   höchster   eisenbahn   und   sanft
ne   morgensonne   dazwischen   schiebt

mia   hier   nem   reiherum   *griffbereit*
so   nur   quantgenau   dahingegafft
kreuzweg   goethe   straße   berliner   platz

XIV.

fingerspitzen   harken   staub   gefühlt
entlang   seiner   zeit   verlesen   wie
'n   kurzes   kopfnicken   vor   'nem
jahrhundertlangem   moor

den   brustbeutel   voll   adressen
ähnlich   mottend   rauscht   die   stadt
alltag   ringt   ums   licht   herum   und
schwarze   segel   ziehen   hin   die

vom   mond   verglühte   pracht
gleichauf   halbherzige   drogen
gen   heimat   sterngesänge   fliehn   wo
erdwärts   gewählte   gedichte   steh   'n

so   rundumflochten   reingehauen
bleiern   die   fäuste   blau   's   auge
blechernde   worte   zartes   schöpfen
vom   anders   träumend   lange   nacht

schwermutkind im bunten anorak
reihum kleckernde begrifflichkeiten
mohnrot gestreift auf türkisem blass
verliebt in seichter tiefe schwatzt

(so plätscherts hin und pfützt sich voll)

XV.

in   erinnerung   an   deine
unsterblichkeit

im schlafrock 'n halbes dutzend zwerge
speckumantelt erhärtet und raubeinig

die wangen in einer sonne lächelnd mit
morgenrot gepudert wolkiger wonne pustend

am grabesrand handversunken kopf geneigt
auf die brust das kinn verlegen steif

lieblich zagt die dunkelheit so weit bis dato
welkend hin in eichenlaub verlesen

die letzten sagen sich umgarnend noch
und laden laden dich zur feste sonnenheim

XVI.

viel   zu   warm   um   schön   zu   sein
der   schatten   eigens   längs
tage   gleich   zu   aller   zeit
wankt   durch   staub,   na   wer?
herrgott   im   himmel   –
bier   und   wein   vertrösten   sich
breit   und   waffenlos   daher
der   unverdorbenheiten   kind

erstarrt   auch   noch   ein   duft
'n   paradies   maßlos   in   traurigkeit
seel   und   quell   verspeist
vom   spieß   geschrien   -   heute   joblos
'n   was   in   dämmerung   versunken
was   aber   könnte   dies   und   das
für   'n   sinn   nur   sein?   so   fuchtelig
so   'n   sturm   darob   vertsummt

so   bleiben   zwang   und   duft
lust   und   drang   einander   dünn
wie   eng   umschlungen   obhut
ach   herr   je,   faktisch   frühlingswind
viel   zu   warm   um   schön   zu   sein
der   schatten   eigens   längs
die   takte   jetzt   zu   aller   zeiten
wanken   durch   staub,   na   wer?!

XVII.

oh ihr helden – getürme der fronten
mit weit aufgesperrten mäulern
gold verfüllt wie kummer brüllend und
einer sonnengroßen leere thronend
gleich sirupfäden spinnend schwinden
zu knien kriechend, ihr lichtgesäumten
raum wie schatten flutend sind / waren
jahr zulang dem eich verrohend und
die grimmfaust gen himmel pustend
herzschritt durch zeit- und pulsgemach
wand vermählend ausgereift
staub gebärend lang verwaltend
zwischen grau stelzenden tönen
betören schatten peitschen not
eilends rosenkranz verflochten
der gemütlichkeiten band und rand
dem neuen all 's gleiche droht
schlägt entgegen links 'n rechts
die backen rot wie rundgesessen
mühlstein wund strategie zeitgleich
fingerkund vom ferner zeigen, den

horizont der erektilen zyklen als auch
mich! – zur hauptsache gemacht
plädieren schreibe und einmal
laut gelacht –
oh ihr helden – gestürmte fronten
mit weit aufgerissenen aug' und ohren
mit erde, gras und schnaps vergoren
und einem morgentau lächelnd segen
[...]

XVIII.

Für Kiki *14.02.1972 – + 31.08.2019

Ich weiß noch wie Du Deine Ohren ans Meer
legtest
In die Strandmuscheln eingekuschelt
Dort den weißen Wellen beim Rauschen
lauschtest
Dein Atem, ein Segelschiff im Wind
So aufgeschlossen aus dieser Mitte Deines
Herzens
Frühlingswiesen sprühen, hoch, weit, fern und
lang und sonnenlieblich
Wie oft hast Du uns dazu eingeladen
Einmal zweimal unendlich oft mitzukommen
Und wir setzten alle einen Fuß in dieses Grün
Auf diese Wolken, die Du uns jedes Mal
gezeichnet
Streiften Hand in Hand mit Dir durch diese
Zeit
Deine Zeit, unser Leben, unser aller Seligkeiten
Und wir folgen Dir nur immer blind vor Glück

-/-

Und passtest du nicht immer auf, auf uns
Wenn alles schläft im gelben Straßenlicht, bist
Du das Stück Himmel über uns, über jene
Der wärmste Sonnenstrahl der's Bäuchlein
kitzelt
Der Duft, der Dich stets zerstäubt und an uns
emporreibt
Das Prinzip Hoffnung auf Servietten gedruckt
und
Die Morgenröte als Cocktail gemixt und Du
warst
Dabei nicht nur uns, ein Weg zum allergrößten
Glück –
Den wir fortführend für Dich nun
weiterschreiten
In handgereichter Dankbarkeit für Dich, denn
Du bist uns die sanfte Musik, warme Sonne
und ein wundersam
Lyrisches Gedicht, das waren wir und Du, das
sind wir noch, sind jetzt

Alle hier am Rand um Dich herum – Dein
Stück Unsterblichkeit

-/-

Du hast uns diese, gar die Liebe erst
geschmiedet
In den Feuern Deines Seins, Deinem großen
Dich
Wie wir sie woanders selten nur erlebten,
gläsern, zart und heimlich
Was wir woanders vergeblich suchten – und
nun wieder suchen –
Zwischen den Gemäuern der Alltäglichkeiten
Den Motorengeräuschen, den Zwischenzeilen
Zigarettenqualm und sonstig schweren Weben
Wie wärst Du woanders nur zu gern mit uns
noch überall geblieben
Wo einst Dein Strahlen Dein gesamtes Wesen
Wie ein Leuchtturm thront, der vor den
Gefahren des Alleinseins mahnt
Um uns dann mit Deiner Zeit beschenktest,
zum Wohlwollen

Zum gemeinsam dies Allgefahren,
blauäugiges Umleuchten und einfach nur mit
Dir gemeinsam sein
Und wir folgten Dir, nur immer blind vor
Glück

-/-

Du bist so voll von diesem Schön, dies
überquellend' Leben
Dies' millionenfachen Farben, dies'
unendlichen Worten
Wovon aber zwei auf ewig dieselben sind,
bleiben, waren
-KIKI TROJAN-
An dessen wir hier in einem still' im anderem
schluchzend zusammen im Kreise stehen, wie
Innerlich ganz tief gebeugt gebückt und
niederkniend
Dir jene Meere zum immer wieder Lauschen
weinen
Eingekuschelt zusammengerückt in Deinem
Jetzt und unserm Hier, als gleich

Diese Welt, in ihr altes tristes Grau verrückt

Sich quietschend weiter dreht und knarzend vorwärts wälzt

So dann auch nur deswegen, weil Du nicht mehr unter uns bist –

Ich!, wir!, alle! lieben Dich auf eine wundersame Art, wundergleiche Weise und

Selbst der Klotz am Bein, konnte bis zuletzt nicht von Dir lassen

Womöglich deshalb, sagst Du uns nicht mehr wo Du gerade bist

-/-

Und wenn wir, vielleicht auch ich, eines von Dir, liebe Kiki, lernten

Dann wohl das, was Geben heißt und Sterben deutet, wo

Jeder Atemzug Wassertropfen bildet, der kleine Teil dann ist und ins Meer dann mündet, sich vorwärtsdrängt

Wir werden für Dich weiter pfützen und keinen Hehl

Um die Feten des Alleinseins geben, dem Suizid

Auf lange Zeit, mit Bier, Zigaretten und Elendsleid

Wie auch am Neid und Kummer uns zerbrechen

Nein! Wir werden für Dich und unser alle weiterreisen

Wo die Fernen so unbeschreiblich sind – und suchen Obdach

Unter Deinen unter deinen Freuden und Freunden, ihren Lehren und

Stellen uns zuallerletzt noch aufrecht hin –

Dem eigen inneren Kind zugegen, reichen ihm die Hand

Schließen Frieden in allen Winkeln Deiner Züge

Und wissen, tief in Deinem, Kikis Herzen wog ein inniges

Versöhnen mit uns allen, Du bist, Du warst und bleibst uns Liebe

-/-

Und man möchte hier gar nie aufhören zu reden/schreiben

Der dann aufdringlichen Stille wegen – ohne Dich

So weil Du kein Antworten geben kannst

Kein *hasimausimaulwurfn* mehr zu mir sprichst

Wie auch Dein federleichtes Lächeln keinen länger trifft

Und auch sonst niemand hier im kreisrunden Raum

So frei ist, diese Deine Stimme irdisch zu vernehmen

Wie Du jetzt gerade bist, auf golden' Wolke sieben plus

In fernen Sphären und weit über uns Dich nun legst

Zwischen all den Sternen und flutendem Sonnenlicht –

So auch wenn wir Dich unsterblich könnten, wollten ich nicht

Weil wenn wir einen Wunsch frei hätten, manch einer wünschte sich, ich wünschte

Mich zu Dir . . . in Frieden, wir lieben Dich –
Gleich auch wo(!), weil Du uns fortan das
hellste Teilchen bist . . .

Und scheinst von dort wie auch immer nun
herab auf Deinen Sohn
Deine Mama, Deine Schwester, auf den Rest
der ganzen Kinder und all die anderen
um Dich herum: Kiki, bis bald! Wir lieben
Dich!!

XIX.

o   ihr   einsamen   finger   rührend
zehn   kinder   schwarzblaue   nacht
zwei   hände   ihrer   tief   vergraben
ein   morgenlied   schrumpft   gedacht
auf   weißem   flure   hell   erglühend
löscht   den   durst   von   blumenlagen

mit   zungen   feuer   sich   beschlagen
hinlodernd   knistern   stunden
umkreisen   ihrer   im   hohen   bogen
ziehend   kreisrund   arge   wunden
sternenbildbeschienen   überragen
nordwind   peitschend   herrgott   wogen

ein   odem   mehr,   diese   winterfrucht
gebierst   alleinseind   morgen
und   erduftest   zart   den   lilienflausch
rotverzierend   samt   verloren
gefleckt   von   wesender   wucht
einmal   dran   geleckt:

XX.

Stürme   die   durch   adern   fließen
Feuer   aschiger   atem   sind
Schläge   dessen   einsam   wind
Sich   aus   dem   mittig   herz   ergießen
Tropfen   die   wie   regen   rinnend
Tränen   gar   aus   feinster   seide
Schmerz   du   der   tief   bei   leibe
Raubend   all   berührend   sinnend
Unbelebt   die   namen   einsamkeit
In   holz   geschnitzter   waldesrand
Empor   dem   golden   ähren   land
Die   ewigkeit   für   ein   ich   bereit
Das   wort   welches   sich   im   traume   rühmt
Auf   dessen   ein   hinüber   trägt
Nebst   dem   ich   die   asche   fegt
In   obdach   eines   erden   saum
Blumenwelk   und   lehmverbund
Du   großer   bruder   schlafes   mohn
Ein   allerseelenreigen   schon
Der   stille   gruß   die   letzte   kund
Als   einer   noch   zum   kuss   bereit

Die   lippen   spitzt   und   empfängt
Begeistert   aus   dem   joche   lenkt
Von   all   der   weiten   welt   befreit

XXI.

i. orgasmus schmelzer. *gen null reifen zwei kugeln*. ei weist geschmack.

ii. 'n blauer reiter. *stock stein scheiß steile straße*. drink ride through fucking night.

iii. der scheiß hier macht spaß. *kritik zynischer vernunft*. hopfengerstensaft.

iv. uschi neben mir. *wind beutelnd steife brise*. kirschblüten küssen.

v. raumausstatter, toll. *ne blume hier: feng shui*. obdachlos seit jahr'n.

vi. essen bei muddi. *leber und kartoffelbrei*. spinat mach stärker.

vii. 'n mensch verloren. *na super, was'n fuck.* tod kommt, leben geht. *traurig.*

viii. kluge syntaktik. *auf'm papier verschoben.* armeen aus worte.

ix. das schweigen lernen. *mit bäumen reden: verrückt!?* und was machst du so?

x. ein mann gegen mann. *archaische kultur.* irgendwie schw...

xi. zimmermannskultur. *aus welchem holz sind's geschnitzt;* die leiden jesu?

xii. heut am grabesrand: *das leben ist n arschloch.* hat irgendwie recht.

xiii. geradeso. *ne flasche zerdeppert.* überall scherben. *glück.*

xiv.   möcht' schreiben ganz viel. *ist wie so'n waldspaziergang.* für die anderen.

xv.   am rande vom ich. *hände flattern durchs gebälk.* zeigen mich nicht.

xvi.   na, hast nachgedacht!? *haikus im blunt geraucht?* dann hast's verstand'n.

xvii.   don't push the river. *heraklitisches treiben.* ersaufend am strom.

xviii.   golden der weizen. *klarsicht der geister säfte.* morgens nur whisky.

xix.   'n universum. *prunkvolle bescheidenheit.* sterne weit hinauf.

xx.   grauer hintergrund. *raben kreisen um 'n berg.* winter zeitigt 's land.

xxi.   schnatternde kunde. *in formationen abseilen.* gen süden ihr flug.

xxii.   verglühendes blut. *schwarzer glaube weiß bedeckt.* bläulich blühendes.

xxiii. tau im morgenlicht. *junge halme bricht der tag.* erfrorenes du.

xxiv.   zerfurchte erde. *königreich und vaterland.* wo war mama noch?

xxv.   unbeugsamer schmerz. *irgend die stelle im herz.* da wächst gar nichts mehr.

xxvi.   kleingeld der träume. *am regenbogen ende.* rostlöchriger topf.

xxvii. entflammte herzen. *des winters weideflächen.* eis umzäunte zeit.

xxviii.   from the dust again. *wonderful wonderful sun.* between the darkness.

xxix.   feigenschnee und knutsch. *erlaubt ein winter blumen?* come closer and see.

xxx.   i listen her soul. *the autumn breath colorful.* some red wine and blue.

xxxi.   von wegen dies das. *knick knack gedichte regeln.* smells like teen spirit.

xxxii.   wasserfester stift. *elegien auf der toilette.* morgen tut's mir leid.

xxxiii.   rostiges streifen. *alsbald nackt im abendlicht.* vom grünen gewandt.

xxxiv.   zimmermannskultur. *die würmer fressen den rest.* holzwürmerlogik.

xxxv.	glotz grad 'n vollmond. *alleine auf der atraße.* der rest glotzt glotze.
xxxvi.	fenchel und tofu. *tiere sind meine freunde.* freunde ess ich nicht.
xxxvii.	zur zwölften stunde. *halten macht und tagewerk.* 'ne bierpause.
xxxviii.	leben sei leiden. *hat so'n supertyp ma' g'sagt.* F#ck! hat sogar recht.
xxxix.	'ne goldene zeit. *die uhr steht schon lange still.* tickt wo nicht richtig.
xl.	so'n sommerregen. *ein warten wie verwildert.* warten wider nichts.
xli.	weißes kaninchen. *ein straßenrandbegräbnis.* ich war mal mörder.

XXII.

es knacken die hölzer
im fressen der feuer
es nagt eine glut
scheite an

zerfrisst die schwarzen
scheuersteine
raubt mit zeit, langsam
'n verstand

wer wollte 's sein(?)
vor euch, vor dem
seeblickend schweigsam
im kreis die spiegelung

'n steg hinein verlegt
gleiten schritte
über das ufer schwelend
sehnsuchtsfeuer

XXIII.

auf   dem   rücken   irgend'   eisenbahn
quer   durch   die   lande   streifen
unter   gottes   zarten   fingern
fort   den   linien   wie   ein   wind
adern   grund   und   grauem   rost
vernetzte   wege   rot   weißes   leuchten
ein   alles   samt,   ein   im   streich   verlaufen
darüber   brütet   blauschwarz   'ne   nacht
so   die   sterne   funkeln   selig,   tote
menschen,   die   darob   herunter
wie   spatzen   grüße   scheißen   —
hier   liege   ich   nun   in   dies'   pfützen
am   rande   eines   mitternachts-
regenbogen,   die   augen   dicht
von   utopia   träumend   verschränkt
'ner   agogik   eines   atems   lauschend
bis   zum   stillstand   und   weiter   pfeifend
fort   den   linien   wie   ein   wind
unter   gottes   zarten   fingern
quer   durch   die   lande   streifen
haut auf haut irgend' lichtgesell'

XXIV.

so   wanderst   du   im   dauernd   wandel
rollst   sandkorn   dir   ein   sandkorn   nach
im   steten   wind   dein   ewig   handel
'nem   meer   woraus   einst   leben   stach

die   losen   glieder   strand   geborgen
wie   'nem   korn   dem   ander   'n   gleich
einander   sich   ums   rollen   sorgen
und   alles   seiner   wege   weich

wind   verwoben   zum   kamm   verschnitten
unmerkbar   für   ein   sieh   doch   hin(!)
und   unter   dir   dort   freit   inmitten
ganz   verwüstet   der   eine   sinn

wie   flut   sich   über   flut   ergießen
welle   einer   welle   folgt
vom   immer   mehr   verschlucktes   sprießen
was   grad(?)   alsbald   öd'   vergoldet

XXV.

da feilen sie am kurzgedicht
stunden hoch und lang im glanz
poliert, florierend farbenlicht
und zerreden und zerfranzt

was nun kurzes meisterstück
im sinne deiner sache laubt
'n rot fröstelnd weit geglückt
'ne volle nase rausgeschraubt

naturverwundet wie entzückt:
so gleich 'nem herbstfeld
kniegebeugt wind beflehend
als die liebe fällt

wo hoch die wolke
manch kirschblüten rahmen sind
freit was wie zollte

aus konspirativen
schwarz schindelnd regenschirme
flüchtige schauer

rauschen in sich hin
in dingen und glaubend macht
ein einzig richtig – der

eigenreim zerspringt
in tausend teile freiheit
so unerwartet

XXVI.

das   von   den   knochen   geschälte
beigelegt
zwischen   'ner   zart   geröteten   möhre
und   gegrünten   suppenkräutern
das   heer   der   blätter   zieht   flure
nach
beizt   die   blass   flauen   augenblicke
gen   tief   verhangenem   himmeln
am   ende   dieser   schnüre   dann   ein
knoten
unverdaut   und   keine   kippen   mehr
im   weg   die   wolken   faulpelzig
wichtige   zyklen   schwingen   wie   du
am   morgen
kreise   sonnenflutend   in   sämtlichen
ritzen   sachtes   und   samtig   fingern
bis   es   wieder   zu   regnen   beginnt   und
der   fusel
aus   'm   geäst   der   bäume   in
einen   hinterhofgarten   tropft

mehr als küssen ist fortan nicht mehr drin
gedichte
lesen aber wie eines von jemanden finden
vom   sechsten   siebten   zweisiebzehn:
Geisel   der   Stifte
Der   Struktur
Zwischenzeilen,   zwischen   den   Zähnen
Macht   nicht   satt
Klingt   auch   nicht   hungrig
Worte im Zaum

XXVII.

fleißig   knoten   wir   die   glieder
der   marionetten   an   die   ketten
stecken   uns   're   finger   rein   und
lassen   das   herz   samt   seiner
von   einer   ecke   zur   and   'ren   tanz   'n

winde   blasen   wolken;   mit   rauchen
lässt   sich   keine   zeile   füllen
die   generation   frische   luft
verschnaufen   und   gläser   reinschrauben
von   freund   zu   freund   gehechtet

fleischgeworden   was   auch   immer
im   dämmerlicht   der   sonnenuhr
die   eine   zeit   an   uns   verschwendet
ein   wimpernschlaf   von   zwölf
bis   fünf   nach   pünktlichkeit

tonnage   für   tonnage   drängend
auch   am   sonntag   durch   den   kanal
der   von   tränen   wasser   salz   und
sämtlichen   scheiß   gefüllt   seit   kaisers
zeiten   'n   überqueren   umsonst   ist

letztlich   bleibt   nur   noch   der   orden
der   zu   verleihen   keine   große   kunst
nix   größer   als   sich   selbst   bedient
vorm   spiegel   die   kleinen   männer
an   dem   die   rede   vom   frieden   richtet

XXVIII.

eine melodie von wald und frühling
obligatorisches zwischen den zähnen
das frühstück wirkt bis zum mittag, die
lederkluft war schon vorher da und ja

du hast dieses gottverdammte recht
aus deinen blauen augen schimmerte
magie, ein mütterlicher blick aufs ich
gerichtet am ende des regenbogens

der topf halb voll unerschöpfliches
danksagend das letzte dich bemühen
schön dass du da warst, schön dass es
dich gibt – danke für diese deine zeit

am blauen firmament schreibt ein licht
ein stern ein was weiß ich heller funke
vergissdeinnicht zwischen den zeilen, die
da stehen wenn all das vergessen wird

XXIX.

sie   fragen   ob's   mir   gut   gehe
zwei   männer   und   eine   frau
sie   führt   's   wort   stellt   sich
voran   und   schreitet   dann
zur   tat.   Ein   strick   wörter
ein   knoten,   eine   schlinge   und
die   anderen   beiden   gucken
nur   zu,   ich   antworte   mal

die   frau   knüpft   weiter   am
knoten   an,   filigrane   hände
wirft   mir   die   schlinge   um
passt   ja   fantastisch   sagt   s   'e
sogleich   spricht   der   andere
von   gewerkschaft   oder   sowas
schließlich   der   in   der   mitte
nur   zu,   ich   habe   zu   antworte

drei   leute,   ich   gegenüber
dann   steht   einer   von   denen
auf,   tritt   gegen   meinen   stuhl

und   die   frau   quatscht   weiter
die   schlinge   hält   was   sie
verspricht,   ohne   flachs
ich   lass   mich   hängen   und
gehe.   antworte   das   mal!

XXX.

In dem moment sind sie eins
der schreiber
die leser
die tiger
aus dem unterholz
springend
erfassend
sehenden auges
gefühlsverloren
zerfleischend vielleicht
um die natur der dinge
zu bestellen

den acker
die raben
die kühlen morgen
auf braunroter erde
zerfurchte kerben
als jenes
wie zeitweiliges
ontologische gedöns

nebliger schwaden
tieftrauernder novembertage
die es braucht fürs
unglücklich sein

XXXI.

zwischen	faszination
und	melancholie
zwischen	ehrgeiziger
jugend	zur
erwachsenen	religion
zwischen	erleben
und	abstraktion
das	musterbeispiel
eines	lebens
was	unsere
welt	im
innersten	zu-
sammen	hält
in	betrachtung
vom	kleinsten
zum	höchsten
und	vor
die	wand
gestellt;	beginnt
ihr	glauben
ein	meer

aus   möglichkeiten

XXXII.

am strand
auf der anderen seite
ein mondscheinhaus
das aufgeschlagene lippenzelt

sanft küren körperlinien
schlagen sich zu wellen fort
unter dem blau der augen
riskiert das licht einen spalt

seinen strudel zeit
um s vergessen rundherum
mit dünnem bleistift
zu papier

ins tiefste weiß skizziert
dort wo s keiner find
die himmelsleiber
sternengleich

XXXIII.

in des schicksals brust
die sterne schlagen
hinzustrebend nach allen
seiten drängend, wie
winde sich verhalten
wie sonnen auferstehen
und monde niedergehen
wie dergleichen tiefen
sich zersetzt am
rande einer kreisenden
bewegung – die bilderwelt
von sturm – fluten
fegen über erschöpfte
zornfeuer zart hinweg
trinitätsideen zertrümmern und
am ende stille
in allem –
eins

XXXIV.

die jugend
wolkenverhangen
vom himmel durchzwängt
das bildnis
vorneweg
projektionen, am
gleißenden faden hängt
zukunft befeuert
asche nach sich drängt

bis auf ein paar diebe
durch die nacht
watend
herz-verstohlen und
gevierteilt
unterm kinn
tränen
im auge
schwarzfeuer glänzend

XXXV.

die   trägheit   einer   masse
eines   farblichen   fragments
darauf   verläge   sich   schimmel
darin   war   kühlschrank   inhärent

bis   das   der   grund   geschlossen
er   ihr   vorlas,   sie   an   ihn   geheftet
seine   blicke   tief,   ihr   gehör
verkommen   als   blume,   die

sprache   einander   verduftet
liegen   ihre   lippen   abgesäbelt
voreinander   auf   dem   silbrigen
tablett,   küssen   wart   gestern

heute   schält   sie   harte   sachen
weinen   einen   schritt   tiefer
verfängt   wind   sich   in   blättern
die   blaue   windmühle   gesteckt
wo   erde   und   asche   und   liebe   sind

XXXVI.

gespiegeltes wunderland
ein bauch krümmt sich hin
füße reißen in die höhe
zwei hände auf asphalt
durch jene mischlandschaften
straßenwälder häuserberge
mit erstaunlicher anmut
vorbei an nachtkatzen, die
mondgraffitis heulen, vorbei
an schmalen strichen der straße
den rotlichtigen ampeln, das
grüne meer inmitten nacht
wo regen und weisheit sind
in trance verschwommen als
auch gleich den reflexiven
zu kopf überstiegenen, zu
schwarzträumenden passagen
farbkaskaden einer skyline
im wässrigen augenblick dahin
um die ecke biegend, irgend'

XXXVII.

bisschen schnee, bisschen pep
bisschen von beiden auf den zwiebeltürmen
die über die tränenfabriken
hinausragen und tannenbäume
umgestürzt wie städte visualisieren

bisschen klavier, bisschen coolness
bisschen von beiden in die haare geschmiert
und erregte mädchenträume
ohne auch nur bubizin
ins kreuzwort zu nehmen aufzuschäumen

bisschen können, bisschen langeweile
bisschen von beiden rabiat und sanft bezeugt
eine treppe aus büchern zum
himmel zeigt, kellerlicht
körper und 'n schlafzimmerblick

XXXVIII.

division   stahlblank   –
einmal   langgezogen
euphorie   beschüttet
regenschirm   vergessen
im   nass   getanzt   dahin   versoffen
wellenlängen   zerfetzen
fröhlich   im   hier   und   jetzt
landminen   in   laos   zählend
für   den   groschen   nebenbei
wegen   des   alterns,   das
wie   wie   vieles   im   leben
nicht   für   jenes   reicht
und   steckst   n   finger   rein?!
rockst   'e   fünfundvierzig   grad
bekreuzigst   all   das   kommen
im   gehen   kaum   mehr   zeit
für   die   schönen   dinge:
gedichte sonne und du

XXXIX.

neubauten hand in hand
bier und fertigkeiten
4-tage woche und ein himmel
so grau wie nie das braun
welch schönes wetter
daheim in einsamkeiten
versinkend und fragt warum
nur diese zeiten tage

es schreibt sich runter
wie ein einzeiler voller
fehler findend am rande
striche und streich und überhaupt
anfangs rot später auch egal
das ruhige leben schleicht
schürt strategien für sich
spannt schirme auf und keiner

auf weitem flur in sicht
keiner sich bewundern lässt
zukunftsblind in letzten zügen
die hinterhand liegt offen
weder frau noch könig
auf dem tisch die letzten
blumen kelchen welken brav
zum staubsaugenden quadrat
dosenbier und einstürzend

XL.

morgenstunden   die   laternen
zweifelhafte   schatten   tuschen
münder   da   noch   offen   stehen
geht   ausgedünnt   die   nacht   dahin

ein   paar   wolken   schleiern
augen   feucht   die   nasenspitze
vorneweg   lüstern   küssen   lippen
ziehen   hinterher   ein   gesicht

rotschwanger   mehr   noch   fordern
tragen   schritte   durch   straßen   fort
fort   von   gestern   fort   von   eingedenk
sonne   reift   fern   den   horizont

XLI.

hinter   deinen   blauen   augen   schlug
sich   ein   ganzes   universum   auf
höhe   mal   länge   mal   tiefe   mal
zu   wenig   zeit
welche   die   sich   fanden   ganz   langsam
schnell   und   verschlungen   vom   kuss
dabei   sind   es   nur   wörter   auf   basis
von   schwarzem   wasser
ein   spaziergang
in   den   taschen   zwei   hände
das   verliebtsein   irdischer   tänze
von   freitagabend   bis   weit   in   den
sonntag
dazwischen   wird   einstudiert   und
gewertet
eine   fast   ewige   jugend
niemals   verschwendet

XLII.

inmitten
holz
häuser
himmel
eingefasst
das quasi
stillleben
ein bus
zwei straßen
drei geschäfte
manchmal
auch menschen
die sich
vergleichen
wie gestern
vor dem
vorhang einer
langen weile

XLIII.

raumtemperaturen neben dem straßengraben
ein vermächtnis aus schmutz abendsonne und
schatten. dazwischen steigen abwechselnde
schwaden zigarettenqualm zur orangenen
finsternis empor.
der spaziergang. das flanieren neben körpern
gras
halm
busch
strauch
haus
wand
straßenbebauung
kreuzung
lichtsignalanlage
sprechblasen und finger. überkreuzt - heute
zweieinhalb jahre später - bleibt ein schweigen
auf der anderen straßenseite.

XLIV.

mit sinnhaftigkeit
hinter eisernen gittern
eine pritsche
nachmittage
'n geblüt, 'ne sonne
geviertelt durch
rechtecke drückt
fensterzeilen aufgerückt
ein herein
gezogen und
an den wänden entlang
dass putz sich löst
die gabel steckt
wie der tauchsieder
improvisiert und weilen
eilen wortkarg leis
laufen durch den kopf
im kreis ◊ brechen aus

XLV.

hier daheim verhandeln worte
einander inhalte mit flüstern bis
lauthals ohne bedenken ihrer
baldigen inflation / verschieden
von einer lust gesteuerten sauf-
tour durch das kreuz und quer
der gefühlten längen im herzen /
mit anmut über armut brütend /
auch jetzt / regen plätschert ins
eine und harmonische träume
tropfen hin zum anderen organ /
ein überquellen voll / mit lauter
unmengen in literatur versenkt
und doch zeit anderswie irgend-
wo verplempert / kellerlicht, ein
fahles, wirft ideen und gläsernes
gedankengut, wirft luft und liebe
vor die wand / projektionen tun
sich auf, scherbentürme, ach
mehr noch als das – gedichte
entfalten ihre flügel: fiktionen

an ein trojanisches vermächtnis. –